W0464335

Gudrun Raab-Demski

Die Fabel

Ernst Klett Verlag
Stuttgart Düsseldorf Leipzig

9 783123 270918

1. Auflage 1 7 6 5 4 3 | 2006 2005 2004 2003 2002

Dieses Werk folgt der reformierten Rechtschreibung und Zeichensetzung.
Alle Drucke dieser Auflage können im Unterricht nebeneinander benutzt werden, sie sind untereinander unverändert. Die letzte Zahl bezeichnet das Jahr dieses Druckes.

Internetadresse: http://www.klett-verlag.de

Redaktion: Annelie Werner, Rosemarie Butscher

Einbandentwurf: Dieter Gebhardt, Asperg
Satz und Repro: Lihs, Ludwigsburg
Druck: Gutmann + Co. GmbH, Talheim
ISBN 3-12-327091-2

Inhaltsverzeichnis

Vorwort für Lehrerinnen und Lehrer

Den möglichen Bedarf an klugen Einführungsworten zur Gattung „Fabel" und ihrer Entstehungsgeschichte verweise ich auf die zur Genüge vorhandene ausführlichere Literatur, von der ein ganz kleiner Ausschnitt im Quellenverzeichnis angeführt ist. Einen brauchbaren Überblick gibt das Fabelmaterial selbst.

Die offizielle Berechtigung zur Behandlung der Fabel im Unterricht liefern die Richtlinien der weiterführenden Schulen. In welcher Altersstufe mit der Fabel gearbeitet wird, hängt weniger von der Schulform als vom Grad der Aufgewecktheit der jeweiligen Klasse ab. Die Rohzutaten zum vorliegenden Freiarbeitsmaterial wurden vor einigen Jahren von einer kleinen Gruppe von Lehrkräften unterschiedlicher Schulformen in einem Montessorikurs für die Sekundarstufe 1 zusammengetragen. Gedacht – und auch schon erprobt – ist das Material hauptsächlich für ein sechstes oder siebtes Schuljahr.

Warum überhaupt Fabeln im Unterricht behandeln? Zwei Charakteristiken lassen gerade diese literarische Form geeignet sein und bei den Schülern und Schülerinnen „ankommen": Zum einen sind Fabeltexte kurz bis sehr kurz und kommen so der inzwischen verminderten Aufmerksamkeitsspanne vieler Jugendlicher entgegen, zum anderen wird der belehrende Zeigefinger so angenehm weit weg vom eigenen Selbst erhoben, ergeht die moralische Mahnung so deutlich an die Tier- und Pflanzenwelt oder gar an die unbelebten Dinge, dass man der erteilten Lehre großzügig zustimmen kann, während sich sofort stacheliger Widerspruch regte, würde etwa das eigene Tun derselben moralischen Beurteilung durch andere unterzogen. Dazu kann über die Dummheit und die daraus resultierenden Missgeschicke und Strafen der Tiere ohne schlechtes soziales Gewissen gelacht werden und viele Fabeln enthalten so ausgesprochen humoristische Elemente.

Freiarbeitsmaterial auch für die weiterführenden Schulen gibt es inzwischen schon in erfreulich großem Umfang. Es herrscht jedoch ein merkliches Ungleichgewicht zwischen den einzelnen Fächern und Sachgebieten. Das hängt mit einer der Grundbedingungen zusammen, die ein Freiarbeitsmaterial, wenn es den Namen verdienen will, erfüllen muss: Die Schülerinnen und Schüler müssen mit dem Material wirklich unabhängig von der Lehrkraft arbeiten können und zur Kontrolle ihrer eigenen Ergebnisse eindeutige Lösungen oder zumindest Lösungsvorschläge präsentiert bekommen. Das geht in z. B. Mathematik, Physik und Grammatik sehr viel leichter als bei Themen mit vielfältigeren Ergebnismöglichkeiten. Im Falle einer literarischen Gattung wie der Fabel muss der Sachgehalt daher in möglichst kleine sinntragende Lernschritte zerlegt werden, die je für sich eine genau definierbare, aber über die Schüler beleidigende Simpelantworten wie „ja-nein" hinausgehende Lösung zulassen. Zusammen ergibt das ein Mosaik von Antworten, die ein Bild des Ganzen vor Augen stellen.

Unter dieser Maßgabe ist „Die Fabel" ein echtes Freiarbeitsmaterial. Sämtliche Aufgaben, die der Erarbeitung des Sachgehaltes dienen, sind mit Lösungen bzw. Lösungsvorschlägen versehen. Dazu gibt es drei freie Aufgaben, die Publikum verlangen, entweder einzelne Mitschüler und Mitschülerinnen oder die ganze Klasse oder Sie als Lehrkraft. So wird die Einzelarbeit wieder in den Kreis der Gemeinschaft geführt.

Bei der Durcharbeitung des Materials erwerben sich Ihre Schülerinnen und Schüler die wichtigsten Kenntnisse über die Fabel als literarische Gattung und lernen darüber hinaus einige der bekanntesten Fabeln kennen. Dabei könnten Sie es bewenden lassen. Messen Sie der Fabel größere Wichtigkeit bei oder haben Sie noch Zeit zur Verfügung, kann das Material zur Ergänzung Ihrer eigenen ausführlicheren Unterrichtsplanung herangezogen werden, und zwar in jeder Phase der Erarbeitung, ob als Einstieg, als Übung, als Wiederholung, als Nachbereitung oder als Zusatz.

Bevor Sie das Material in die Freiarbeit geben, ist ein wenig Zubereitung nötig: Jeweils in Klassenstärke fotokopieren sollten Sie die Seiten 20, 24, 38 und 39. Die Fabel auf dem Lösungsblatt S. 60 unten muss entsprechend der Aufgabe 6 farbig unterstrichen werden. Die Seiten 43/44 sowie 45/46 werden herausgetrennt und dann entlang der Linien in 24 gleich große Quadrate zerschnitten. Schöner sieht es aus, wenn das Bild vorher farbig ausgestaltet wird. Etwas stabiler werden die Quadrate, wenn Sie die Seiten vor dem Zerschneiden beidseitig mit Klarsichtfolie überziehen. Die 24 Quadrate können in einer Sichthülle (mit Klammern gegen Herausfallen verschließen!) dem Material beigelegt werden, ebenso wie die zur Bearbeitung notwendigen Fotokopien. Zum Schluss trennen Sie besser dieses an Sie gerichtete Vorwort heraus, denn das übrige Material hat geschlossen eine andere Adressatengruppe, nämlich Ihre Schülerinnen und Schüler.

Es wird nicht lange dauern, da wird Ihre Klasse Sie mit dem Ansinnen konfrontieren, die Illustrationen ausmalen zu dürfen. Genau zu diesem Zweck wurden die handgefertigten, nicht professionellen Zeichnungen und Dekorationen geisterhaft hohl gelassen. Sauber farbig gestaltet sieht „Die Fabel" noch ansprechender aus, ist dann allerdings nicht mehr so gut fotokopierbar.

Nun wünsche ich Ihnen und Ihren Schülerinnen und Schülern viel Freude mit dem Material und den Jugendlichen Lust auf weitere Schritte in das Land der Literatur!

Gudrun Raab-Demski

Es heißt:

„Das Einhorn ist ein Fabelwesen."

„Das ist ja fabelhaft!"

„Was du da erzählst, gehört doch ins Reich der Fabel!"

„Der fabuliert sich da was zusammen!"

Ja, was ist denn nun eigentlich eine Fabel?

Bevor du nun einige Fabeln zu lesen bekommst, solltest du zunächst etwas aus der Anfangszeit der Fabeldichtung erfahren:

Im alten Hellas soll etwa um 600 v. Chr. ein Sklave namens Äsop gelebt haben, der wegen seines schlagfertigen Witzes und seiner Weisheit viel gerühmt wurde. Vor allem soll er viele Fabeln erzählt und sich und andere dadurch vor manchem Verdruss bewahrt haben.

Viele Dichter haben die Äsopischen Fabeln in späteren Jahrhunderten aufgegriffen, sie umgedichtet und neue hinzuerfunden.

Wie sich Äsop mit einer Fabel rettete

Zu Lebzeiten Äsops wollte König Crösus von Lydien* die Insel Samos erobern. Daraufhin schickten die bedrohten Inselbewohner Äsop zu Crösus, damit er ein gutes Wort für sie einlege und das Unheil verhindere.

Als der König Äsop sah, sagte er zornig: „Welche Unverschämtheit, dass mich so ein kleiner Mann an der Eroberung einer so großen Insel hindern will! Für deinen Hochmut musst du mit dem Leben bezahlen!“

Furchtlos entgegnete Äsop: „Großer König! Ich bin aus eigenem Antrieb und mit gutem Willen hierher gekommen. Schenkt mir einen Augenblick Eurer kostbaren Zeit und gestattet mir, vorher eine Fabel zu erzählen:

„Ein junger Mann, der sich die Zeit mit dem Fangen und Töten von Heuschrecken vertrieb, erwischte eines Tages auch zufällig eine Grille.
Als er sie wie die anderen Tiere töten wollte, bat sie ihn: ‚Töte mich nicht ohne Grund, weil ich nichts und niemandem schade. Im Gegenteil, durch die Bewegung einiger kleiner Häutlein mache ich anmutige Musik, an der sich die Vorbeigehenden erfreuen.
Ich habe nichts anderes als meine Stimme zu bieten‘, fügte sie bescheiden hinzu.
Daraufhin ließ der junge Mann die Grille frei.“

„Großer König“, fuhr Äsop fort, „ich liege hier zu Euren Füßen und bitte Euch, mich nicht grundlos zum Tode zu verurteilen; ich habe nie jemanden beleidigt. Mein einziges Verbrechen, wenn es eins ist, besteht allein darin, dass ich ein guter Redner bin, der jedoch niemandem schmeichelt.“

Äsops Rede erstaunte und berührte den König und er sagte: „Du hast es nicht mir, sondern der göttlichen Fügung zu verdanken, dass ich dir das Leben schenken werde. Fordere nun frei, was du begehrst, und du sollst es bekommen.“ – „Ich verlange nur, großer König, dass Ihr Samos verschont“, entgegnete Äsop.
„Es sei dir versprochen“, antwortete der König.

*Lydien gehört zur heutigen Türkei.

Aufgabe 1

In diesem Text erzählt Äsop König Crösus eine Fabel.

1. Was will er dadurch erreichen?

2. Warum hat Äsop diese Form gewählt, anstatt sein Anliegen direkt vorzutragen?

3. Wieso erzählt Äsop ausgerechnet diese Fabel?

Der Anlass, aus dem Äsop seine Fabel erzählt hat, soll dir zeigen, dass viele Fabeln nicht am Schreibtisch für irgendein schlaues Buch gedichtet, sondern in einer konkreten Situation von Menschen erzählt wurden. Dadurch haben sie einen ganz bestimmten *Sitz im Leben.*

Fabeln werden verwendet, wenn man in einer bestimmten Situation das, was man sagen möchte, nicht direkt und offen aussprechen darf oder will.

Kontrolle: Lösungsblatt S. 59 oben

Aufgabe 2

Könnte es auch heutzutage Gelegenheiten geben, bei denen es möglich wäre, die Wahrheit in eine Fabel zu kleiden, statt sie geradeheraus zu sagen? Oder könnte eine alltägliche Begebenheit denselben Inhalt haben wie eine alte Fabel? – Stell dir einmal folgende Situation vor:

Ängstlich hält die kleine Anita ihr Tüte voller Süßigkeiten fest, als sich beim Martinssingen auf der dunklen Straße ein größerer Junge zu ihr gesellt. Derselbe Junge hatte ihr im vorigen Jahr die gefüllte Tüte entrissen!
Jetzt redet er ganz freundlich mit ihr: „Du brauchst keine Angst zu haben, ich will dir die Tüte nicht wegnehmen! Lass mich nur mal gucken, was du schon alles drin hast! Ganz bestimmt, ich nehme dir diesmal sicher nichts fort!"
Schon greift er nach der Tüte, da sieht Anita einige kräftige Nachbarsjungen um die Ecke biegen. „Rolf, Holger!", ruft sie laut. Auf einmal ist der Junge, der nur mal in ihre Süßigkeitentüte gucken wollte, wie der Blitz verschwunden.

Nun lies dir die beiden Fabeln
Der aufgeblasene Frosch
Der ewige Friede
genau durch; sie stehen auf Seite 12.

1. Welche der beiden Fabeln würde zu der oben geschilderten Begebenheit passen?

2. Schildere selbst eine kleine Szene, zu der die andere Fabel passt.

Vergleiche anschließend deine Antworten mit denen auf S. 59 Mitte.

Der aufgeblasene Frosch

Ein Frosch, der sich wunders wie groß vorkam, hockte bei seinen Kindern im Sumpf, als er einen Ochsen erblickte, der am Ufer sein Futter suchte. Da wollte er gerne auch so groß sein und blies sich auf, so stark er nur konnte.
„Bin ich nun so groß wie der Ochse?", fragte er. „Nein", antworteten die Kinder.
Da blies er sich noch stärker auf und fragte abermals: „Bin ich jetzt so groß?" „Noch immer nicht!", antworteten die Kinder.
Da blies der Frosch sich mit solcher Gewalt auf, dass er zerbarst.
Wer es den Großen und Mächtigen gleichtun will, ohne die Kräfte dazu, der wird kläglich enden.

Äsop

Der ewige Friede

Ein alter Haushahn hielt auf einer Scheune Wacht:
Da kommt ein Fuchs mit schnellem Schritt
Und ruft: „Oh, krähe, Freund, nun ich dich fröhlich mache;
Ich bringe gute Zeitung mit.
Der Tiere Krieg hört auf: Man ist der Zwietracht müde.
In unserm Reich ist Ruh und Friede.
Ich selber trag ihn dir von allen Füchsen an.
O Freund, komm bald herab, dass ich dich herzen kann.
Was guckst du so herum?" – „Greif, Halt und Bellart kommen,
Die Hunde, die du kennst", versetzt der alte Hahn.
Und als der Fuchs entläuft: „Was", fragt er, „ficht dich an?"
„Nichts, Bruder", spricht der Fuchs; „der Streit ist abgetan.
Allein, ich zweifle noch, ob die es schon vernommen."

Friedrich von Hagedorn

gute Zeitung = gute Nachricht
Zwietracht = Streit
entläuft = wegläuft

Äsop hat das, was er sagen wollte, nicht direkt gesagt. Er hat es verschlüsselt. Er hat nicht von Menschen und deren Taten geredet, sondern z. B. von Tieren.

Wenn man eine Fabel verstehen will, muss man sie „entschlüsseln", das heißt, man muss herausfinden, wofür die Tiere stehen.

Hier ist nun eine neue Fabel, an der du das Entschlüsseln lernen kannst.

Das Ross und der Stier

Auf einem feurigen Ross floh stolz ein Knabe daher.
Da rief ein wilder Stier dem Rosse zu: „Schande! Von einem Knaben ließ' ich mich nicht regieren!"
„Aber ich", versetzte das Ross. „Denn was für Ehre könnte es mir bringen, einen Knaben abzuwerfen?"

Gotthold Ephraim Lessing

Kannst du sie schon entschlüsseln? Wie das geht, erfährst du auf der nächsten Seite.

Die Kernbegriffe der Fabel	Die Eigenschaften des Tieres (oder Menschen) im Text	Was sie bedeuten
Ross	stark, edel dient, spricht von Ehre belehrt den Stier findet es unehrenhaft, ein schwaches Kind abzuwerfen	Der Starke, der Mächtige, der hilfsbereit ist und es unehrenhaft findet, seine Stärke gegenüber Schwächeren auszunutzen; er hat eine edle Gesinnung.
Stier	wild, stark, eitel, eingebildet ist unwillig, zu dienen oder zu helfen	der Starke, der seine Stärke oder Macht gegen einen Schwächeren ausnutzen will der Egoist, der sich selbst als Mächtigsten sehen möchte
Knabe	schwaches Kind, erfreut sich mit dem Pferd	der Schwächere, der einen Dienst eines Stärkeren in Anspruch nimmt
abwerfen		seine Macht oder Stärke gegen einen Schwächeren ausnutzen

Die in der Fabel vorkommenden Eigenschaften der Tiere oder Menschen und die Begriffe kann man als „Bild“ bezeichnen. Die Erklärung oder „Entschlüsselung“ des Bildes bezeichnet die Sache, um die es in der Wirklichkeit geht.

Man spricht dabei von der

Bildhälfte und der **Sachhälfte**

der Fabel.

Nachdem du eine solche Tabelle wie auf S. 14 als Hilfsmittel für die Entschlüsselung angelegt hast, kannst du Bild- und Sachhälfte der Fabel auch in einem zusammenhängenden Text darstellen.
Wie dieser für die Fabel „Das Ross und der Stier“ etwa lauten könnte, siehst du auf der nächsten Seite.

Fabeln enthalten eine **Bildhälfte** und eine **Sachhälfte**.
In verschlüsselter Form wird am Beispiel von Tieren oder anderen Wesen menschliches Verhalten beleuchtet.

Entschlüsselung der Fabel
Das Ross und der Stier

In der Fabel unterhalten sich zwei Tiere, das Ross und der Stier. Diese beiden sind voneinander sehr verschieden und haben unterschiedliche Meinungen. Das Pferd trägt einen kleinen Knaben auf seinem Rücken. Der Stier fühlt sich sehr stark und bringt zum Ausdruck, dass er einem Schwächeren nicht dienen würde.

Auch das Pferd ist sich seiner eigenen Stärke bewusst. Aber es denkt nicht nur an körperliche Stärke, sondern auch an Ehre. Deshalb antwortet es: „... denn was für Ehre könnte es mir bringen, einen Knaben anzuwerfen?

Der Dichter spricht nicht einfach von „Pferd“, sondern von einem „Ross“. Diese Bezeichnung weist auf den edlen Charakter des Pferdes hin.

Diese Fabel soll die unterschiedlichen Charaktereigenschaften von Menschen beleuchten.

Der Stier steht für einen starken Menschen, der sich auf seine Stärke etwas einbildet. Er würde einem Schwächeren nicht helfen oder dienen, sondern will seine Überlegenheit zur Schau stellen.

Das Ross bezeichnet einen ebenfalls starken und sich seiner Stärke bewussten Menschen. Er bildet sich nichts auf seine Stärke ein, sondern ist bereit, dem Knaben, einem Schwachen, zu dienen. Dieser Mensch denkt mehr nach als der Prahler und Egoist. Er sieht keine Ehre darin, sich gegen den Schwächeren zu wehren. Darin zeigt sich seine edlere Gesinnung.

In dieser Fabel ist eine Lehre enthalten: Es ist nicht sehr ehrenvoll, wenn der Starke oder Mächtige gegenüber einem Schwächeren seine Überlegenheit einsetzt.

Aufgabe 3

Hier kannst du einmal selbst ausprobieren, ob du aus einer Fabel die Bild- und Sachhälfte herausfindest.
Lies dir zunächst die Fabel von der Maus und dem Frosch durch:

Vom Frosch und von der Maus

Eine Maus wollte gern ans andere Ufer eines breiten Baches, konnte aber nicht schwimmen und bat einen Frosch um Rat und Hilfe. Der Frosch war ein Schalk und sprach zur Maus:
„Binde deinen Fuß an meinen Fuß, so will ich schwimmen und dich hinüberziehen."

Als sie aber mitten auf dem Wasser waren, tauchte der Frosch unter und wollte die Maus ertränken. Die Maus wehrte sich verzweifelt, zappelte und strampelte. Da wurde ein vorbeifliegender Bussard auf die zappelnde Maus aufmerksam, packte sie und zog sie mitsamt dem Frosch aus dem Wasser. Dann fraß er sie beide.

Martin Luther

Fertige dazu eine Tabelle in deinem Heft an; so soll sie aussehen:

Schlüsselbegriffe	Bildhälfte	Sachhälfte
...	...	...

Kontrolle: Lösungsblatt S. 59 unten

Der Aufbau einer Fabel

Hier ist noch einmal die Fabel „Das Ross und der Stier“ abgedruckt, außerdem eine neue Fabel mit dem Titel „Der kriegerische Wolf“. Lies dir beide Fabeln genau durch.

Das Ross und der Stier

Auf einem feurigen Rosse floh stolz ein Knabe daher.
Da rief ein wilder Stier dem Rosse zu: „Schande! Von einem Knaben ließ' ich mich nicht regieren!“
„Aber ich“, versetzte das Ross. „Denn was für Ehre könnte es mir bringen, einen Knaben abzuwerfen?“

Gotthold Ephraim Lessing

Der kriegerische Wolf

Ein junger Wolf begegnete im Wald einem Fuchse.
„Mein Vater, glorreichen Andenkens“, sagte der junge Wolf zu dem Fuchse, „das war ein rechter Held! Wie fürchterlich hat er sich nicht in der ganzen Gegend gemacht! Er hat über mehr als zweihundert Feinde, nach und nach, triumphiert und ihre schwarzen Seelen in das Reich des Verderbens gesandt. Was Wunder also, dass er endlich doch einem unterliegen musste!“
„So würde sich ein Leichenredner ausdrücken“, sagte der Fuchs; „der trockene Geschichtsschreiber aber würde hinzusetzen: Die zweihundert Feinde, über die er, nach und nach, triumphierte, waren Schafe und Esel; und der eine Feind, dem er unterlag, war der erste Stier, den er sich anzufallen erkühnte.“

Gotthold Ephraim Lessing

Diese beiden Fabeln sind sehr unterschiedlich, dennoch geht es um ein ähnliches Thema. Ein Angeber, der junge Wolf, prahlt mit der Stärke seines Vaters, obwohl dieser nur Schwächere besiegt hat.
Auch der Stier meint, dass es richtig sei, Schwächere die eigene Macht und Stärke spüren zu lassen. Das Pferd belehrt ihn, dass dies keinesfalls besonders ehrenvoll ist.

An diesen beiden Beispielen kannst du nun etwas über den Aufbau von Fabeln lernen.

Aufgabe 4

Nimm dir eine Fotokopie der Seite 20.
Gliedere beide Fabeln in drei Abschnitte, so, wie es dir sinnvoll erscheint. Zeichne dazu die auf dieser Seite stehende Tabelle in dein Heft. Zerschneide die Fabeltexte in je drei Teile und klebe sie in die Tabelle.

Teil	Überschrift	Das Ross und der Stier	Der kriegerische Wolf
1			
2			
3			

Bearbeite zuerst auch die Aufgabe 5, bevor du deine Lösung kontrollierst.

Der kriegerische Wolf

Ein junger Wolf begegnete im Wald einem Fuchse.
„Mein Vater, glorreichen Andenkens", sagte der Wolf zu dem Fuchse, „das war ein rechter Held! Wie fürchterlich hat er sich in der ganzen Gegend gemacht! Er hat über mehr als zweihundert Feinde, nach und nach, triumphiert und ihre schwarzen Seelen in das Reich des Verderbens gesandt. Was Wunder also, dass er endlich doch einem unterliegen musste!"
„So würde sich ein Leichenredner ausdrücken", sagte der Fuchs; „der trockene Geschichtsschreiber aber würde hinzusetzen: Die zweihundert Feinde, über die er, nach und nach, triumphierte, waren Schafe und Esel; und der eine Feind, dem er unterlag, war der erste Stier, den er sich anzufallen erkühnte."

Gotthold Ephraim Lessing

Das Ross und der Stier

Auf einem feurigen Rosse floh stolz ein Knabe daher.
Da rief ein wilder Stier dem Rosse zu: „Schande! Von einem Knaben ließ' ich mich nicht regieren!"
„Aber ich", versetzte das Ross. „Denn was für Ehre könnte es mir bringen, einen Knaben abzuwerfen?"

Gotthold Ephraim Lessing

Aufgabe 5

Wähle nun jeweils für den ersten, den zweiten und den dritten Teil eine Überschrift aus, die zu *beiden* Fabeln passt. Schreibe diese Überschriften in die entsprechende Spalte.

Für jeden Teil gibt es nur *eine* richtige Überschrift!

Hier die Auswahlliste, aber nicht vergessen: nur jeweils *eine* Überschrift für jeden Teil ist richtig, die anderen stehen nur da, um es dir nicht allzu leicht zu machen.

Rede oder Handlung des ersten Tieres
Inhaltsangabe
Reaktion des Pferdes
Situationsvorgabe
Erklärung
Aussage des Wolfes
Hauptteil
Aussage des Stieres
Reaktion

Auf S. 60 oben findest du die Lösungen zu den Aufgaben 4 und 5.

Nun hast du schon Wichtiges über Fabeln gelernt, denn nach diesem Grundmuster sind alle Fabeln aufgebaut.

Merke dir deshalb diese Begriffe gut:

Die **Situationsvorgabe** ist so etwas Ähnliches wie eine Einleitung. Sie nennt alles, was wichtig ist, um die folgende Handlung zu verstehen.

Die Rede oder Handlung des ersten Tieres nennt man **Actio**, weil es die erste Aktion ist, mit der die Handlung, das Geschehen, beginnt.

Auf diese Aktion folgt dann die Reaktion des anderen Tieres, die **Reactio**.

Manchmal wiederholen sich actio und reactio mehrfach.

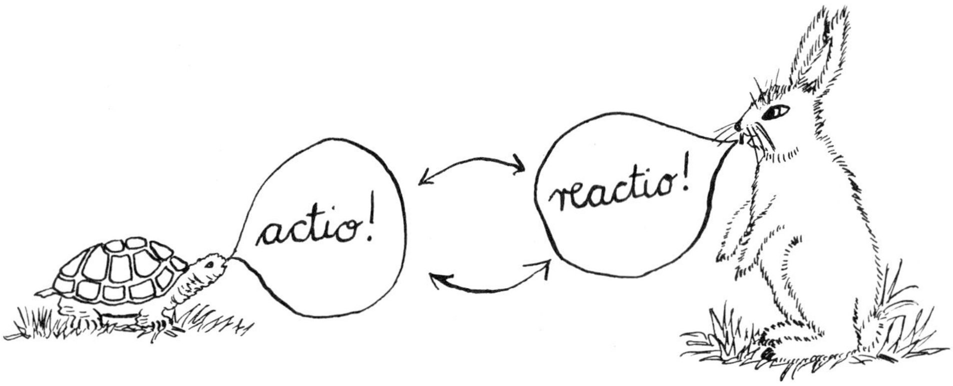

Aufgabe 6

Was du nun über den Aufbau von Fabeln weißt, wende doch einmal auf die Fabel „Der Wolf und das Lamm“ von Phädrus an.

Beachte zweierlei:
1. In dieser Fabel gibt es mehrmals actio und reactio.
2. Es gibt einen Teil, den du bisher noch nicht kennst.

Gehe folgendermaßen vor:

Nimm den Fabeltext aus der Klarsichtfolie mit den Arbeitsblättern und unterstreiche die einzelnen Teile mit folgenden Farben:

Situationsvorgabe:	grün
actio:	orange
reactio:	rot
neuer Teil:	lila

Kontrolle: Lösungsblatt S. 60 unten

Der Wolf und das Lamm

Zum gleichen Bache kam der Wolf einst und das Lamm,
vom Durst genötigt. Weiter oben stand der Wolf,
das Lamm bachabwärts. Von dem nimmersatten Schlund
getrieben, sucht der Räuber einen Grund zum Streit.
„Was trübst du mir das Wasser, das ich trinken will?“,
beginnt er. Und die Unschuld in dem Wollekleid
entgegnet zitternd: „Ach, wie kann ich das, o Wolf?
Von dir herab zu meinen Lippen rinnt das Nass.“
Und der, bezwungen von der Wahrheit Allgewalt,
fährt fort: „Hast vor sechs Monden du mich nicht geschmäht?“
„Nein“, spricht das Lamm, „denn damals lebte ich noch nicht.“
„Dann war's dein Vater, der mich schmähte“, schreit der Wolf
und würgt in unverdientem Tod sein Opfer ab.

Die Fabel zielt auf jene, die mit Lug und Trug
die Unschuld gerne unterdrücken.

Phädrus

Aufgabe 7

Schau dir noch einmal den bisher unbekannten Teil der Fabel an.

Was drückt er aus?
Formuliere deine Antwort in einem Satz!

Auch hierfür gibt es eine Lösung: auf S. 61 oben.

Den Teil der Fabel, den du jetzt kennen gelernt hast, nennt man die **Moral** (du kennst sicher den Ausdruck „die Moral von der Geschicht'"). Die Moral drückt in allgemeiner Weise die Lehre der ganzen Fabel aus.
In manchen Fabeln ist die Moral klar ausgesprochen – entweder am Anfang oder am Ende –, in manchen steht sie nicht ausdrücklich da, obwohl sie in jeder Fabel steckt.

Du kannst das Grundmuster jeder Fabel nun um den letzten Teil ergänzen:

> Alle Fabeln sind nach einem Grundmuster aufgebaut: Situationsvorgabe – actio – reactio – Moral. Actio und reactio können sich mehrmals wiederholen. Die Moral drückt in allgemeiner Weise die Lehre der ganzen Fabel aus.

Aufgabe 8

In den bisher hier abgedruckten Fabeln bestimmten zum größten Teil Tiere die Handlung. Du hast aber im Kapitel zur „Bildhälfte“ und „Sachhälfte“ der Fabel bereits gelernt, dass die Tiere gar nicht unbedingt selbst gemeint sind, auch wenn von ihnen erzählt wird.
Wir wollen uns jetzt die Tiere der Fabel einmal näher ansehen. Betrachte dazu die drei Abbildungen des Löwen:

Halte die Merkmale der unterschiedlichen Löwen in einer Tabelle nach folgendem Muster fest:

Wirklicher Löwe	Wappenlöwe	Löwe der Fabel
… Schreibe hier auch das hin, was du von dem wirklichen Löwen sonst noch weißt (z. B. aus der Biologie).	…	…

Der Lösungsvorschlag aus S. 61 Mitte hilft dir, dein Ergebnis zu kontrollieren.

Du merkst schon: Die Eigenschaften des Fabellöwen stimmen nur zu einem Teil mit denen des wirklichen Löwen überein.
Noch deutlicher wird das, wenn du dir die drei folgenden Fabeln durchliest, in denen auch ein weiteres Tier vorkommt, das wir anschließend näher betrachten wollen.

Der kranke Löwe

Der Löwe lag krank in seiner Höhle, da kam der Bär, ihn zu besuchen. Der Löwe fragte ihn: „Merkst du nicht, wie es in meiner Höhle stinkt?“ „Ja, wirklich, es stinkt sehr übel“, antwortete der Bär.
Diese Antwort erzürnte den Löwen und er zerriss den Bären.
Der Hase hatte dies mit angesehen und als er kam, dem Löwen seine Aufwartung zu machen, antwortete er auf die gleiche Frage: „O nein, hier stinkt es gar nicht; es duftet sogar sehr gut!“ „Du lügst!“, schrie der Löwe. „Es duftet nicht, es stinkt!“ Und da zerriss er den Hasen.
Darauf kam der Wolf und der entgegnete dem Löwen auf seine Frage: „Es stinkt nicht und duftet nicht.“ „Du lügst“, sagte der Löwe, „das kann nicht sein“, und tötete ihn.
Zuallerletzt kam die Füchsin. Der Löwe fragte sie: „Stinkt es oder duftet es in meiner Höhle?“ Die schlaue Füchsin antwortete: „Vergebt mir, erlauchter Zar! Ich habe gerade einen solchen Schnupfen, dass ich es nicht unterscheiden kann, ob es stinkt oder nicht, und zu lügen wage ich nicht …“
Da verschonte sie der Löwe, weil sie so klug war.

Russische Fabel

Der Hase im Maul des Löwen

Ein Hase, der von einer Meute bellender Hunde verfolgt wurde, sah einen offenen Rachen und flüchtete sich um Hilfe flehend hinein.
Es war jedoch das Maul eines Löwen, das der Hunger in ungeheurem Gähnen weit aufgerissen hatte.
Dem Hasen blieb kaum noch Zeit zu sehen, wie die bellende Hundemeute sich wieder entfernte.
„Da haben wir's!", sagte der arme Hase zu sich selbst. „Was habe ich nun dabei gewonnen, dass ich in diesem Schlunde Zuflucht suchte!"

Leon Battista Alberti

Hase und Hund

Ein Hund scheuchte einen Hasen auf und setzte ihm ein Stück weit nach. Als der Hase mehr und mehr an Boden gewann, gab der Hund die Verfolgung auf.
Bald begegnete ihm ein Bauer, der das Rennen mit angesehen hatte und ihn wegen der Niederlage auslachte. „Der kleine Kerl war wohl zu viel für dich", spottete er.
„Na ja", meinte der Hund. „Aber vergiss nicht: Um dein Mittagessen zu laufen ist eine Sache. Eine ganz andere ist es, um dein Leben zu rennen."

nach Äsop

Was hat der Hase in den beiden Fabeln mit einem wirklichen Hasen zu tun?
Wir wissen, dass ein Hase sich gegenüber Raubtieren nicht wehren kann. Er flieht vor Hunden, Füchsen, Wölfen und würde sicher auch vor einem Löwen davonlaufen, wenn sich die beiden je begegnen sollten.

Diese Eigenschaft übernimmt die Fabel. Sie stellt den Hasen als Opfer dar, lässt ihn den Stärkeren unterliegen. Von den anderen Eigenschaften des Hasen spricht die Fabel nicht.

Wir gebrauchen den Ausdruck „Angsthase“, weil bei Menschen das Weglaufen vor Gefahren als feige gilt. Was für Menschen gilt, muss allerdings nicht für Tiere gelten.

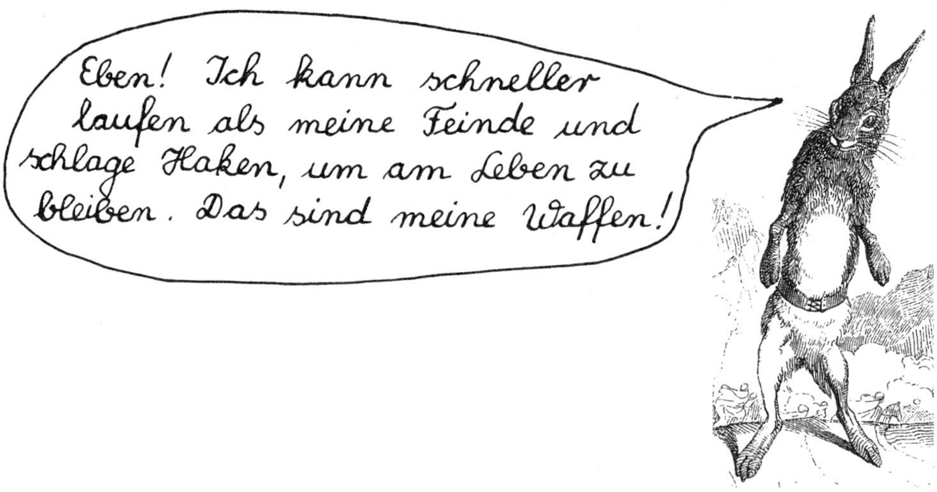

Tiere sind weder gut noch schlecht. Diese moralischen Begriffe passen nur für Menschen, deren Tun vom eigenen Willen abhängt.

Fabeltiere haben mit den Tieren der Wirklichkeit nicht ohne weiteres etwas gemein. In der Fabel deuten sie als **Handlungsträger** auf menschliche Eigenschaften und Verhaltensweisen hin.

Aufgabe 9

Wenn die Tiere nicht selbst gemeint, sondern nur **Handlungsträger** sind, so gilt das ebenso für alle anderen Wesen, die in Fabeln vorkommen.

Hier siehst du eine Fabel, in der Pflanzen die Handlungsträger sind:

Die Fichte und der Brombeerstrauch

Eine Fichte prahlte vor einem Brombeerstrauch und sagte: „Und du, arme Kreatur, du bist ja zu nichts nütze! Sieh mich an, mich braucht es zu allem. Besonders wenn die Menschen ihre Häuser bauen; sie könnten es nicht ohne mich."
Doch der Brombeerstrauch erwiderte: „Das ist alles recht und gut; warte, bis sie mit Axt und Säge kommen und dich niederreißen. Wetten, du möchtest dann lieber ein Brombeerstrauch sein als eine Fichte!"

nach Äsop

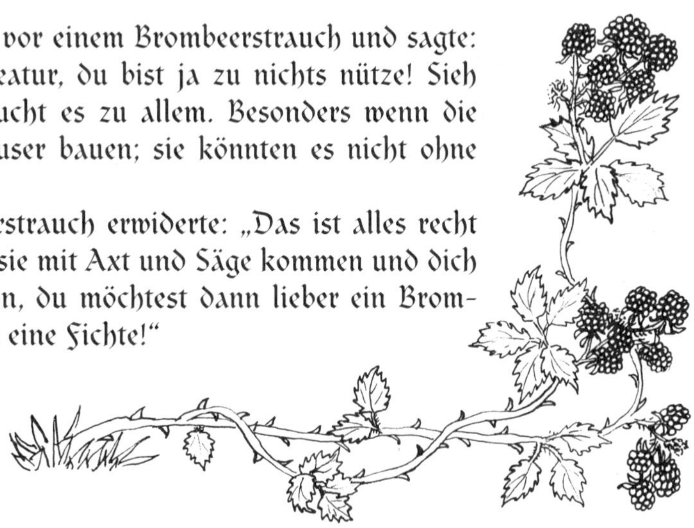

Wie könnte ein Mensch aussehen, dessen Verhalten und Eigenschaften von der Fichte, dem Brombeerstrauch, dem Löwen oder dem Hasen dargestellt werden?
Beschreibe diese Menschen mit Worten oder zeichne sie!

Zur anschließenden Kontrolle findest du Lösungsvorschläge aus S. 61 unten.

Aufgabe 10

Der Löwe wird häufig als der König der Tiere dargestellt: stark, mutig und allmächtig. Hier sind noch einmal drei Fabeln, an denen du prüfen kannst, ob ihn *alle* Fabeln so zeigen.

Der Löwe und die Füchse

Gerade hatte der Löwe dem Schaf, der Ziege und der Kuh auseinander gesetzt, dass der von ihnen erlegte Hirsch einzig und allein ihm gehöre, als drei Füchse erschienen und vor ihn hintraten.
„Ich nehme ein Drittel des Hirsches als Strafgebühr", sagte der erste Fuchs, „du hast nämlich keinen Jagdschein."
„Und ich", sagte der zweite, „nehme ein Drittel des Hirsches für deine Witwe, denn so steht es im Gesetz."
„Ich habe gar keine Witwe", knurrte der Löwe.
„Lassen wir doch die Haarspaltereien", sagte der dritte Fuchs und nahm sich ebenfalls seinen Anteil. „Als Einkommenssteuer", erklärte er, „das schützt dich ein Jahr lang vor Hunger und Not."
„Aber ich bin der König der Tiere!", brüllte der Löwe.
„Na, dann hast du ja eine Krone und brauchst das Geweih nicht", bekam er zur Antwort. Und die drei Füchse nahmen auch das Hirschgeweih mit.
Moral: Heutzutage ist es nicht mehr so leicht wie in früheren Zeiten, sich den Löwenanteil zu sichern.

James Thurber

Auf der nächsten Seite geht es weiter!

Der Löwe und die Mücke

„Ohnmächtiges, verächtliches Geschöpf!", rief der Löwe einer Mücke nach, die bei ihm vorbeiflog.
„Wärst du auch zehnmal der König der Tiere, ich wollte doch mit dir fertig werden."
„Zum Spaß", sagte der Löwe, „wir wollen sehen", indem er nach ihr schnappte. Aber die Mücke war schneller als er; im Nu saß sie ihm auf dem Rücken und verwundete ihn bald hier, bald da. Er wollte sie abschütteln, er wollte sich auf dem Boden wälzen, um sie zu zerdrücken: wie der Blitz saß sie ihm im Ohre. Der Schmerz machte ihn zornig; unter seinen Schlägen tönte die Erde, sein Gebrüll erfüllte die Lüfte, er schäumte, er raste – vergebens! Sie hatte sich zu fest eingesaugt.
„Du hast mich überwunden", sagte er halb ohnmächtig und bat um Frieden.
So hat halb Europa der so genannten Sansculotten gespottet, um zuletzt vor ihnen zu zittern; und manche Macht, die die Carmagnolen verachtete, bittet sie jetzt demütig um Frieden.

Christian August Fischer

Sansculotten = Revolutionäre zur Zeit der Französischen Revolution, die im Gegensatz zum Adel keine Kniehosen trugen
sans = ohne (franz.)
culotte = Kniehosen (franz.)
Carmagnolen = französische Revolutionslieder

Der Löwenanteil

Der Löwe und der Waldesel gingen auf die Jagd und der Löwe setzte seine Stärke, der wilde Esel seine Schnelligkeit ein.
Als sie einige Tiere erlegt hatten, teilte der Löwe die Beute in drei Haufen.
„Den", sprach er, „werde ich mir nehmen als erstes unter den Tieren, denn ich bin ihr König, den zweiten als gleichberechtigter Jagdkumpan, und was den dritten betrifft, so wird er dir großes Leid bringen, wenn du dich nicht augenblicklich davonmachst."

Äsop

Aufgaben:

1. Den Texten ist gemeinsam, dass der Löwe wie ein *allmächtiger Herrscher* denkt. Beweise diese Behauptung, indem du aus jedem der drei Texte *den* Satz oder Satzteil herausschreibst, der das deutlich macht.

2. Die erste und die dritte Fabel haben ein gemeinsames Thema, dennoch gibt es inhaltlich einen gewaltigen Unterschied. Was ist gemeinsam, worin besteht der Unterschied?

3. In der zweiten Fabel geht es sicher auch um Macht. Kann man sagen: Hier sind die Machtverhältnisse auf den Kopf gestellt? Begründe deine Meinung.

4. Wenn du nun die drei Fabeln vergleichst, stimmt dann eigentlich die Behauptung noch, dass der Löwe immer der allmächtige König der Tiere ist?

Lösungsvorschläge: S. 62 oben

Aufgabe 11

Lies dir die folgenden beiden Fabeln durch und lerne, wenn du willst, die erste (von Krylow) auswendig. Schön wäre es, wenn du sie vortragen könntest, entweder vor der ganzen Klasse oder einem Mitschüler/einer Mitschülerin.

Der Löwe und der Fuchs

Ein Fuchs, der keinen Löwen noch gesehn,
Begegnet ihm und will vor Schreck vergehn.
Nach einer Zeit trifft er ihn wieder an –
So furchtbar scheint der Leu ihm nicht mehr angetan.
Als sie zum dritten Mal zusammenkommen,
Hat ohne Scheu
Gar mit dem Leu
Der Fuchs zu sprechen sich herausgenommen.
Gar mancher ist, vor dem uns graut,
Bis wir ihn näher uns beschaut.

Iwan Andrejewitsch Krylow

Allmähliche Bekanntschaft

Der Fuchs hatte noch niemals einen Löwen zu Gesicht bekommen. Da wollte es der Zufall, dass ihm einer begegnete, und es befiel ihn ein solcher Schrecken, dass er auf der Stelle zu sterben vermeinte. Als er den Löwen das nächste Mal traf, da war er zwar wiederum erschrocken, aber lange nicht mehr so sehr. Beim dritten Male endlich, als ihm der Löwe unterkam, war er weder erschrocken noch hat er sich gefürchtet. Ganz beherzt ist er zu ihm getreten und hat mit ihm geschwätzt und ihm Geschichten erzählt.
Die Fabel zeigt, dass die Dinge oft gar nicht so grausam und schrecklich sind, wie sie uns zuerst erscheinen; man muss sie nur kennen und daran gewöhnt sein.

Sebastian Brant

Wie unterscheiden sich die beiden Fabeln in der *äußeren Form*?

Kontrolle: S. 62 Mitte

Zu einer Reihe von Fabeln gibt es unterschiedliche Bearbeitungen. Manche sind in Gedichtform gehalten, andere in fortlaufendem Text (Prosa), manche stellen den Sachverhalt kurz und knapp, andere weitschweifig und ausgeschmückt dar. Du wirst später noch zwei Fabeln kennen lernen, die sich nicht nur in der Form, sondern auch in der Moral wesentlich voneinander unterscheiden.

Fürs Erste solltest du dir folgenden Merksatz hinter die Ohren schreiben:

Verschiedene Dichter haben zu unterschiedlichen Zeiten häufig ein- und dasselbe Thema in Fabeln ausgedrückt. Dabei hat sich die ursprüngliche Fabel oft wesentlich geändert, sowohl in der äußeren Form als auch in der Gesamtaussage.

Aufgabe 12

Du hast jetzt in fünf Schritten das Wesentlichste gelernt, was es über Fabeln zu wissen gibt. Bevor du nun im zweiten Teil dieses Arbeitsmaterials das Gelernte anwenden kannst, solltest du dir noch einmal die fünf Merksätze vergegenwärtigen. Nicht pfuschen und zurückblättern – erinnern!

Es gibt natürlich wieder eine Kontrolllösung: auf S. 62 unten.

Aufgabe 13

Nimm dir zuerst je eine Fotokopie der Seiten 38 und 39.
Bearbeite die Aufgabe 13 nur auf diesen Fotokopien!

Schau dir die Bilder der gezeichneten Fabel genau an. Sobald du verstanden hast, worum es in dieser Fabel geht, beschreibe zu jedem Bild kurz die Situation und fülle die Sprechblasen aus.

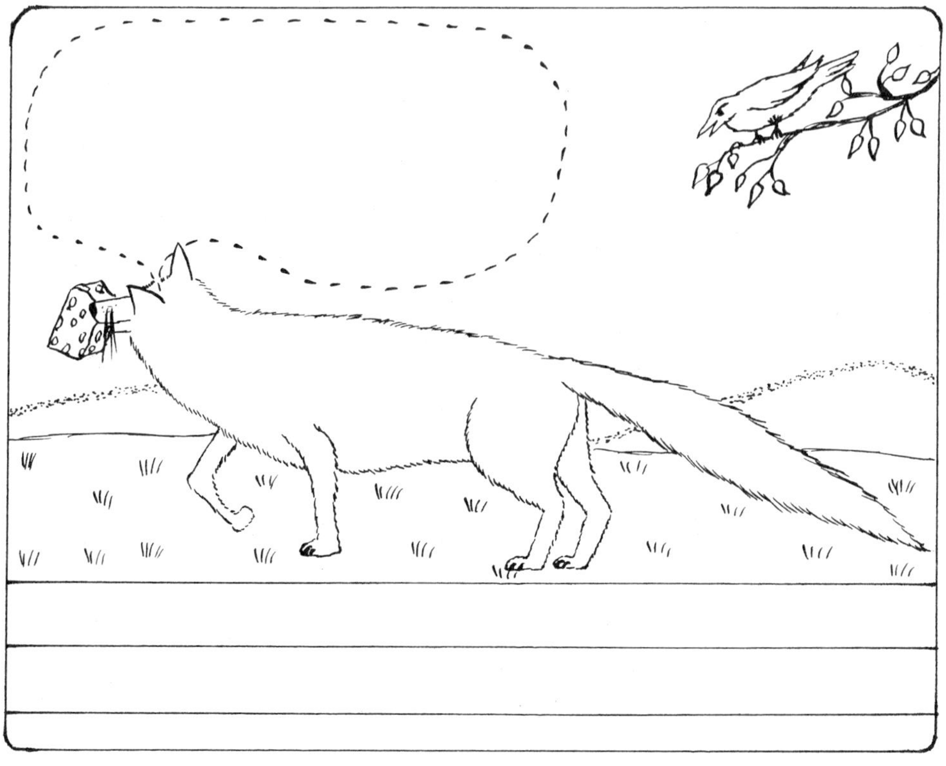

Diese Bilder illustrieren eine bekannte Fabel, die von verschiedenen Dichtern bearbeitet wurde. Die von Martin Luther geschriebene Fassung findest du im Lösungsteil aus S. 63 oben.

Aufgabe 14

Die Fabel vom Fuchs, der dem Raben ein Stück Käse abluchst, existiert in mehreren Fassungen. Lies dir einmal durch, was der Franzose Jean de La Fontaine und der Deutsche Gotthold Ephraim Lessing daraus gemacht haben:

Der Rabe und der Fuchs

Auf einem Baume Meister Rabe hockt,
im Schnabel hält er einen Happen Käse.
Vom Käseduft herbeigelockt,
spricht Meister Fuchs so fein, als ob er läse:
„Ei, guten Morgen, Herr von Rabe,
was seid Ihr hübsch, welch stattliches Gehabe!
Nein, ohne Lüge, Eurer Stimme Pracht,
wär sie so schön wie Dero Federtracht,
des Waldes König wäret, ohne Zweifel, Ihr!"

Der Rabe schnappt fast über vor Begier;
gleich soll der Wohllaut seiner Stimme schallen:
Er reißt den Schnabel auf und lässt den Käse fallen;
den schluckt der Fuchs; es schmunzelte der Heuchler
und sprach: „Mein Herr, ein jeder Schmeichler
lebt gut und gern von dem, der auf ihn hört:
die Lehre ist doch wohl ein Stückchen Käse wert!"

Der Rabe, wütend und verdrossen,
schwor ab, jedoch zu spät, für immer solchen Possen.

Jean de La Fontaine

Der Rabe und der Fuchs

Ein Rabe trug ein Stück vergiftetes Fleisch, das der erzürnte Gärtner für die Katzen seines Nachbarn hingeworfen hatte, in seinen Klauen fort.
Und eben wollte er es auf einer alten Eiche verzehren, als sich ein Fuchs herbeischlich und ihm zurief: „Sei mir gesegnet, Vogel des Jupiter!“
„Für wen siehst du mich an?“, fragte der Rabe.
„Für wen ich dich ansehe?“, erwiderte der Fuchs. „Bist du nicht der rüstige Adler, der täglich von der Rechten des Zeus auf diese Eiche herabkommt, mich Armen zu speisen? Warum verstellst du dich? Sehe ich denn nicht in der siegreichen Klaue die erflehte Gabe, die mir dein Gott durch dich zu schicken noch fortfährt?“
Der Rabe erstaunte und freute sich innig, für einen Adler gehalten zu werden. „Ich muss“, dachte er, „den Fuchs aus diesem Irrtum nicht bringen.“ Großmütig dumm ließ er ihm also seinen Raub herabfallen und flog stolz davon.
Der Fuchs fing das Fleisch lachend auf und fraß es mit boshafter Freude. Doch bald verkehrte sich die Freude in ein schmerzhaftes Gefühl; das Gift fing an zu wirken und er verreckte.

Gotthold Ephraim Lessing

1. Beide Fabeln enthalten eine ausgesprochene Moral, die jedoch unterschiedlich lautet. Schreibe für jede Fabel die Moral auf.

2. Welche der beiden Fabeln spricht dich mehr an, und warum? Schreibe es auf. Man kann bei dieser Frage zu gegensätzlichen Standpunkten kommen.

Zur Kontrolle deiner Antwort auf die Frage 1) gibt es auf S. 63 Mitte eine Lösung.

Aufgabe 15

Du kennst dich jetzt schon so gut mit Fabeln aus, dass dir die folgende Aufgabe sicher keinerlei Schwierigkeiten mehr bereiten wird:

In einer Plastikhülle findest du die Seiten 43/44 und 45/46, gemeinerweise zerschnitten in 24 Quadrate, auf denen je ein Satz steht (manchmal auch zwei). Diese Sätze gehören zu *zwei verschiedenen Fabeln.* Du sollst sie entwirren.

Das geht so:
Nimm alle Quadrate aus der Hülle*, lege sie vor dir aus und lies die Sätze durch.
Beginne dann *eine* der Fabeln zusammenzufügen, indem du die dazugehörigen Quadrate in der richtigen Reihenfolge in die Plastikhülle sortierst. Zu jeder Fabel gehören 12 Quadrate, die so angeordnet werden:

1	2	3	4
5	6	7	8
9	10	11	12

Falls du nicht ganz sicher bist, ob der von dir zusammengefügte Text richtig ist, drehe die Plastikhülle vorsichtig um. Wenn alles richtig sein soll, muss die Rückseite ein sinnvolles Bild zeigen.

Verfahre ebenso mit der zweiten Fabel.

Zum Schluss bitte unbedingt alle Quadrate wieder bunt durcheinander in die Hülle legen und diese mit den Klammern verschließen!

Der Hirsch und die Hunde nach Äsop	An einem schönen Herbsttag kam ein Hirsch an einen Teich und bewunderte sein Spiegelbild im Wasser.	„Ah", rief er, „welch herrliches Geweih!	Wie hässlich dünn sind dagegen meine Beine!"
Als das Rufen der Jäger und das Bellen der Hunde ertönte, rannte der Hirsch schnell wie der Wind davon und ließ seine Verfolger weit hinter sich.	Doch dann verfing sich sein Geweih in einem Dickicht.	Verzweifelt suchte er freizukommen.	Das Hundegebell kam näher und näher.
Mit letzter Anstrengung gelang es ihm, sein Geweih aus dem Dickicht zu befreien.	Sogleich sprang er davon, seine Beine trugen ihn rasch fort, weit weg von der Gefahr.	Und als er lief, dachte er bei sich: Was bin ich doch für ein glückliches Geschöpf!	Jetzt weiß ich, dass gerade das, dessen ich mich rühmte, beinahe meinen Tod herbeigeführt hätte, und das, was mir an mir so missfiel, mich gerettet hat.

Die Lilienblüte von Leon Battista Alberti	Der Fluss begann über die Ufer zu treten und die Lilie wurde bestürzt und bleich und hatte Angst.	Sie wollte es aber den anderen Blumen nicht gleichtun, die ihre Stengel zur Erde bogen, um der Kraft der Wellen keinen Widerstand entgegenzusetzen.	Seit sie geboren war, hatte sie alle Mühe und Sorgfalt darauf verwandt, gerade und majestätisch emporzuwachsen.
Und so besiegte sie ihre natürliche Furcht und beschloss, ihre althergebrachte, gewohnte Würde aufrechtzuerhalten.	Mit einem leichten Neigen ihres Kopfes grüßte sie eine Welle nach der anderen,	die sie immer höher und bedrohlicher bedrängten.	Schließlich stürzte sie, vom Hochwasser fortgerissen.
„Wenn sie schlauer gewesen wäre", sagte einige Tage später der Klatschmohn zur Ringelblume, während sich beide an der Sonne trockneten,	„hätte sie sich gerettet wie wir."	„Gewiss", stimmte die Ringelblume zu, „sie hätte sich gerettet.	Aber sie wollte lieber sterben, als wie wir den Kopf zu beugen."

Aufgabe 16

Bis jetzt sind dir in den Fabeln nur Tiere, Menschen und Pflanzen als Handlungsträger begegnet. Es könnte jedoch auch noch ganz anderes in Fabeln vorkommen.
Lies dir einmal diese höchst moderne Fabel durch:

Der Straßenkreuzer und das Fahrrad

Ein Fahrrad kämpft sich tapfer im kleinsten Gang eine lange, steile Straße hoch. Da kommt von hinten ein Straßenkreuzer angesaust, hupt wild und ruft schon von weitem: „Weg da! Platz! Aus dem Weg! Mach dich vom Acker! Jetzt komm' ich!" Vor lauter Schreck wäre das Fahrrad fast umgekippt; es schwankt bedenklich, als es so schnell wie möglich an den äußersten Straßenrand ausweicht. Mit quietschenden Reifen und dröhnendem Lachen braust der Straßenkreuzer dicht an dem armen Fahrrad vorbei.
Nachdem das Rad endlich die Steigung überwunden hat, sieht es eine lange Wagenschlange, die vor einer roten Ampel steht. Darunter ist auch der ungeduldig vor sich hinbrummende Straßenkreuzer. Leicht rollt das Fahrrad an den wartenden Autos vorbei und ruft dem dicken Schlitten fröhlich zu: „Was nützt dir jetzt deine Kraft und Schnelligkeit? In der Stadt muss man klein und wendig sein wie ich, um vorwärts zu kommen!"

Schreibe nun selbst eine Fabel, in der Gegenstände des täglichen Lebens die handelnden Figuren sind!

Sollten dir keine Gegenstände einfallen, hier sind einige Beispiele:

Turmuhr – Taschenuhr	Schneebesen – Mixer
Stuhl – Sofa	Fernseher – Buch

Du kannst dir aber auch selber Gegenstände aussuchen.

Aufgabe 17, wahlfrei

Wenn du möchtest, kannst du dir eine der vorgestellten Fabeln heraussuchen und probieren sie darzustellen, und zwar so:

a) *als Rollenspiel*
Du brauchst einen Mitspieler oder eine Mitspielerin, der/die erzählend in die Situation einführt, und so viele Darsteller, wie handelnde Figuren vorkommen. Ihr schreibt euch auf, was die jeweiligen Figuren zu sagen haben, merkt es euch und übt es zusammen mit den entsprechenden Körperbewegungen. Wenn ihr eure Rolle gut beherrscht, könnt ihr die Fabel nach Absprache in der Klasse aufführen. Es wäre schön, wenn ein paar einfache gebastelte Requisiten eure Rolle hervorheben könnten, denn das Auge möchte auch etwas davon haben!

b) *als Puppenspiel*
Ihr spannt eine Decke zwischen zwei Tische, versteckt euch dahinter und besorgt euch Handpuppen oder -tiere. Alles andere ist wie beim Rollenspiel.

c) *als Hörspiel*
Hier werden die verschiedenen Mitspielenden zu reinen Sprechern und Sprecherinnen und müssen also auf die Art der gesprochenen Worte und auf die Geräusche ganz besonderen Wert legen.

Besorgt euch eine Kassette und einen Rekorder und macht euch mit der Aufnahmetechnik vertraut. Wenn ihr das Hörspiel zum ersten Mal ganz auf Kassette gesprochen habt, hört es euch in Ruhe an. Wirkt es auf Zuhörer, die die Fabel nicht kennen, so gut, wie ihr es euch wünschen würdet? Fertigt noch eine zweite Fassung an! Was euch nicht gefällt, könnt ihr wieder überspielen.
Wenn ihr mit eurer Produktion zufrieden seid, spielt sie doch nach Absprache in der Klasse vor!

Aufgabe 18, wahlfrei

Vielleicht juckt es dich schon längst in den Fingern, endlich eine der vorgestellten Fabeln zu illustrieren oder zu einer anderen eine Bildergeschichte zu zeichnen?

Oder du möchtest eine Fabel schön abschreiben und das Blatt entsprechend verzieren? Anregungen dazu sind in diesen Blättern genug vorhanden; du kannst aber natürlich auch ganz andere Verzierungen wählen.

Wenn dein Werk gelungen ist, darf es selbstverständlich nicht in deiner Schultasche vor sich hingammeln. Hänge es gut sichtbar auf!

Du hast jetzt zwar schon recht viele Fabeln kennen gelernt, aber natürlich gibt es noch sehr viel mehr. Einige davon findest du auf den folgenden Seiten als Lesestoff.

Das Bequeme daran ist: Du brauchst keine einzige Fabel-Aufgabe mehr zu erfüllen – nur lesen musst du noch selbst! Und wenn du auch dazu keine Lust mehr hast, brauchst du jetzt für die Fabel gar nichts mehr zu tun!

Angemessene Erziehung

Man fragte den Adler:
„Warum erziehst du deine Jungen so hoch in der Luft?“

Der Adler antwortete:
„Würden sie sich, erwachsen, so nahe zur Sonne wagen, wenn ich sie tief an der Erde erzöge?“

Gotthold Ephraim Lessing

Der See und die Wolken

Ein See hatte seine schöne türkisblaue Farbe verloren. Die ihm umgebenden Berge waren in den Wolken verschwunden, so dass das Wasser, in dem sie sich spiegelten, grau und traurig aussah.
Plötzlich erhob sich ein heftiger Wind und kräuselte die Wellen. Große, bedrohliche Wolken lösten sich von den Bergen und zogen über den Wasserspiegel. Der See erschrak und begann zu zittern. Er glaubte tatsächlich, dass die Berge sich in den Himmel erhoben, um über ihn hereinzustürzen. „Hilfe!“, schrie er.
Die Wolken, die sich mittlerweile in Regen verwandelt hatten, entluden sich über ihm, so dass sein Wasserspiegel zum Nutzen aller merklich stieg.
„Wie war ich doch dumm!“, sagte der See, nachdem er seine ursprüngliche Farbe wieder gewonnen hatte. „Wie närrisch und ungerecht war ich, solche Angst zu haben vor dem, das mir so sehr nützen sollte!“

Leon Battista Alberti

Die Lerche und der Bauer

Eine Lerche nistete in einem Feld und zog dort ihre Brut auf. Eines Tages erschien der Bauer, um nach dem Getreide zu sehen, und sagte: „Ich muss meine Freunde benachrichtigen, damit sie mir beim Ernten helfen."
Die jungen Lerchen ängstigten sich sehr und wollten sofort aufbrechen. „Das hat keine Eile", sagte die Mutter, „ein Mensch, der nach Freunden ausschaut, wird noch eine Weile Zeit haben."
Nach einigen Tagen kam der Bauer wieder und sprach: „Jetzt wird es aber Zeit, das Getreide zu ernten. Ich muss meine Knechte aufs Feld schicken!"
Wieder gerieten die jungen Lerchen in Angst, aber ihre Mutter beschwichtigte sie: „Sorgt euch nicht, noch bleibt uns Zeit!"
Und wirklich, die Tage vergingen, ohne dass etwas geschah.
Dann kam der Bauer zum dritten Mal aufs Feld, sah das Getreide an und sprach: „Ich kann es nicht mehr länger hinausschieben. Noch heute werde ich mit der Ernte beginnen!"
Die Lerche hörte das und sagte zu ihren Jungen: „Kommt, meine Kinder, wir müssen fort. Jetzt spricht er nicht mehr von anderen, jetzt nimmt er es selbst in die Hand!"

nach Äsop

Falke und Huhn

Ein Falke sprach zum Huhn: „Warum bist du eigentlich gegen den Menschen so undankbar?“
„Wie meinst du das?“, wollte das Huhn wissen.
„Nun, ich sehe, wie die Menschen dich mit außergewöhnlicher Sorgfalt betreuen. Sie geben dir regelmäßig dein Futter, sie bereiten dir einen warmen Stall, sie sichern des Nachts deine Ruhe gegen Feinde und Störungen. Du aber, wenn jemand dich einmal greifen will, wehrst dich mit großem Gegacker und versuchst zu entfliehen. Warum das nur? Wenn mir ein Mensch schmeichelt, lasse ich mich fangen, werde zahm und fresse ihm aus der Hand. Du aber bist undankbar!“
„Dazu möchte ich etwas bemerken“, gackerte das Huhn, „höre: Du hast gewiss noch niemals einen Falken am Bratspieß gesehen, ich dagegen schon jede Menge gebratener Hühner!“

aus dem altindischen Fabelbuch Panschatantra

Der Hund in der Futterkrippe

Ein Hund lag und räkelte sich in einer Futterkrippe auf dem Heu, das für die Kühe ausgelegt war, und als die Kühe kamen und fressen wollten, knurrte er, schnappte nach ihnen und ließ sie nicht an das Futter heran.
„Was für ein eigensinniges Vieh!“, sagte die eine zu den anderen. „Er selbst frisst kein Heu, aber jetzt missgönnt er es denen, die außer Heu nichts anderes fressen.“

nach Äsop

Der Esel und das Pferd

Als einmal ein Pferd und ein Esel mit ihrem Herrn über Land reisten, hatte das Pferd nichts zu tragen, während der Rücken des Esels mit unzähligen Bündeln beladen war. Unter seiner schweren Last dahinstolpernd, sagte der Esel zu seinem stolzen Gefährten: „Lieber Freund, ich bitte dich, hilf mir beim Tragen. Ich fürchte, ich komme sonst nicht lebend an unser Ziel." Aber das Pferd ließ sich durch diese verzweifelte Bitte nicht rühren und lehnte es ab, dem Esel etwas von seiner Last abzunehmen.
Bald war der kleine Esel völlig erschöpft, schleppte sich immer mühsamer fort und sank schließlich zu Boden. So sehr er sich auch mühte, er kam nicht mehr auf die Beine.
Als der Herr das sah, nahm er dem Esel die Bündel ab und warf sie dem Pferd über den Rücken, das sofort erbärmlich zu jammern begann. „O weh!", rief es. „Was habe ich mir da eingebrockt! Die halbe Last wollte ich nicht auf mich nehmen und was ist daraus geworden: Jetzt muss ich alles allein tragen!"
Der Starke soll dem Schwachen helfen – und beider Leben wird dadurch leichter werden.

nach Äsop

Der Bogen und der Pfeil

Ein Kaiser, der siegreich aus einem langen und blutigen Kriege zurückgekehrt war, beschloss, den Pfeil, mit dem er den König seiner Feinde getötet hatte, im Tempel als Opfergabe darzubringen.
Als der Bogen dies hörte, begann er zu weinen.
„Wer hat dem Pfeil die Kraft gegeben, die Brust jenes Königs zu durchbohren!", sagte er. „Jetzt ist es so, als gäbe es den Bogen nicht mehr. Und dabei bin doch ich die Ursache jener siegreichen Tat gewesen!"

Leon Battista Alberti

Der Hirsch sieht sich im Wasser

Ein Hirsch bewunderte sein prächtiges Geweih
Am Spiegel einer klaren Quelle.
„Wie prächtig! Auf derselben Stelle,
Wo Königskronen stehn! Und wie so stolz, so frei!
Auch ist mein ganzer Leib vollkommen, nur allein
Die Beine nicht, die sollten stärker sein!"
Und als er sie besieht, mit ernstlichem Gesicht,
Hört er im nahen Busch ein Jägerhorn erschallen,
Sieht eine Jagd von dem Gebirge fallen,
Erschrickt und flieht! Nun aber hilft ihm nicht
Das prächtige Geweih dem nahen Tod entfliehn,
Nicht sein vollkommener Leib, die Beine retten ihn!
Die reißen, wie ein Pfeil, die prächtige Gestalt
Mit sich durchs weite Feld und fliegen in den Wald!
Hier aber halten ihn, im vogelschnellen Lauf,
An starken Zweigen oft die vierzehn Enden auf.
Er reißt sich los und flucht darauf;
Lobt seine Beine nun und lernet noch im Fliehn
Das Nützliche dem Schönen vorzuziehn.

Johann Wilhelm Ludwig Gleim, nach La Fontaine

Saure Trauben

Ein Fuchs, der auf die Beute ging,
Fand einen Weinstock, der voll dunkler Trauben
An einer hohen Mauer hing.
Sie schienen ihm ein köstlich Ding,
Allein beschwerlich abzuklauben.
Er schlich umher, den nächsten Zugang auszuspähn.
Umsonst! Kein Sprung war abzusehn.
Um sich nicht vor dem Trupp der Vögel zu beschämen,
Der auf den Bäumen saß, kehrt er sich um und spricht
Und zieht dabei verächtlich das Gesicht:
„Was soll ich mir viel Mühe nehmen?
So saure Trauben mag ich nicht!“

Jean de La Fontaine

Der Fuchs und die Trauben

Ein hungriger Fuchs, der durch die Gegend streifte, um einmal wieder etwas Leckeres zu finden, kam vor ein Bauerngehöft. Dort sah er ein paar Zweige mit Trauben über den Zaun hängen und mühte sich ab, sie zu erreichen, indem er – so hoch als ihm möglich war – in die Luft sprang. Aber vergebens; die Trauben waren und blieben außer Reichweite.
Da gab er es auf, zog ein Gesicht ganz unbeteiligt, ganz Würde und schritt weiter mit der Bemerkung: „Dachte eigentlich, die Trauben wären reif, aber ich merke, sie sind noch ganz sauer und saure Trauben mag ich nicht!“

nach Äsop

Eiche und Schilfrohr

Eine Eiche wurde vom Sturm entwurzelt und stürzte nieder. Sie sah sich von Schilfrohr umgeben und sagte: „Wie habt ihr es fertig gebracht, den Sturm zu überdauern, während er mich, bei all meiner Kraft, aufhob und in den Fluss warf?"
„Du bist eben starrsinnig", bekam sie zur Antwort, „du kämpftest gegen den Sturm und da zeigte er sich als der Stärkere. Wir aber biegen uns und so ging auch der Sturm über unsere Köpfe hinweg."

nach Äsop

Der Schlamm

Der übelriechende Schlamm wünschte seinen Zustand zu ändern und verlangte vom Menschen, dass er ihn in eine Statue so groß wie ein Koloss oder so schön wie Apollo verwandelte. „Oder auch in eine bemalte Henkelvase", bettelte der Schlamm noch, „oder in einen Teller. Jedenfalls in etwas, das der Bewunderung würdig ist!"
Der Mensch hörte nicht einmal zu. Es war nur ganz wertloser Schlamm.
„Mich wundert nicht", sagte der Schlamm endlich, „dass mich keiner beachtet. Um geschätzt zu werden, muss ich mich erst wieder reinigen und von all dem Schmutz befreien, der mich befleckt."

Leon Battista Alberti

Der verlogene Schafhirt

Ein mutwilliger Knabe hütete auf einem Berge, vor einem finsteren Walde, die Schafe. Er schrie oft: „Der Wolf, der Wolf! Kommt und helft!"
Wenn das die Bauern hörten, die gerade auf dem Felde arbeiteten oder Gras mähten, so liefen sie sogleich den Berg hinauf, um dem Hirten zu Hilfe zu kommen. Sobald sie aber bei der Herde angelangt waren und keinen Wolf sahen oder hörten, sagten sie zum Hirtenjungen: „Wo ist der Wolf, der die Schafe gerissen hat?" Der Hirte aber lachte und trieb seinen Spott mit ihnen.
Wie er sie nun so oft genarrt hatte, kam einmal aus dem Walde wirklich ein alter Wolf und fiel die Schafe an. Da schrie der Hirt laut um Hilfe. Die Bauern blieben indes, wo sie waren, denn sie meinten, er treibe wieder einmal seinen Spott mit ihnen. So konnte der Wolf unter den Schafen wüten und eines davon totbeißen und in den Wald tragen. Allein konnte es der Hirt dem Wolf nicht abjagen und wurde daher später hart geschlagen.
Wer gewohnt ist, in allen Dingen zu lügen, im Ernst wie im Scherz, wenn er dann in der Not die Wahrheit sagt, so meint man doch, es sei wieder eine Lüge, und er hat nichts als Schande und Spott davon.

Hans Sachs

Der Esel auf Probe

Ein Mann kaufte einen Esel, aber nicht gleich endgültig, sondern er machte eine Probezeit aus. Als er mit ihm in seinen Hof kam, wo schon mehrere Esel teils bei der Arbeit, teils bei der Abfütterung waren, ließ er ihn frei laufen. Sogleich trottete er zu dem faulsten und gefräßigsten Gefährten und stellte sich zu ihm an die Futterkrippe. Da legte ihm der Mann den Strick wieder um den Hals und brachte ihn dem bisherigen Besitzer zurück.
„So schnell kannst du ihn doch gar nicht erprobt haben", wunderte sich der.
„O, mir genügt, was ich gesehen und erfahren habe: Nach der Gesellschaft, die er sich ausgesucht hat, ist er ein übler Bursche!"

nach Äsop

Lösung zu Aufgabe 1

Zu 1)
Er will Samos retten.

Zu 2)
Äsop ist ein guter Redner.
Er glaubt, so sein Ziel leichter oder überhaupt erst erreichen zu können.
Er will den König besänftigen.
König Crösus' Einstellung zu ihm zwang Äsop, sein Anliegen nicht offen auszusprechen.

Zu 3)
Äsop will dem König dessen Verhalten deutlich machen.
Er will König Crösus zeigen, wie klein und ungefährlich er, Äsop, ist.

Lösung zu Aufgabe 2

Zu 1)
Passen würde die Fabel „Der ewige Friede".

Zu 2)
Passend wäre z. B. folgende Szene:
Ein Junge aus der 6. Klasse ging seinen Mitschülern schwer auf die Nerven, weil er ständig damit prahlte, wie stark und mutig er sei. In allen Pausen wollte er sein Können in Ringkämpfen, Wettläufen und Sprüngen von hohen Mauern zeigen.
Da bemerkte er eines Tages einen älteren, sehr sportlichen Schüler, der ihn in allem übertraf, sich aber überhaupt nicht um ihn kümmerte. Sofort versuchte der neidische Junge, den Älteren noch zu übertrumpfen. Er stellte die waghalsigsten Klettereien an und sprang von immer höheren Mauern.
Gern hätten ihm seine Klassenkameraden nun gesagt, wie gefährlich sein unnützes Tun sei, aber wie? Er würde doch sowieso nicht darauf hören. Bestimmt würde ihm bald etwas Schlimmes passieren, wenn er so weitermachte!

Lösung zu Aufgabe 3

Schlüsselbegriffe	Bildhälfte	Sachhälfte
Maus	will über den Bach schwimmen sucht Rat und Hilfe beim Frosch	ein hilfesuchender Mensch Er liefert sich durch seine Leichtgläubigkeit der Bosheit eines anderen aus.
Frosch	hält sich für einen Spaßvogel; bietet scheinbar seine Hilfe an, will die Maus ertränken und freut sich an ihrer Verzweiflung.	Ein grausamer Charakter, der andere quält und an ihrem Leiden sein Vergnügen hat.
Bussard	wird auf die zappelnde Maus aufmerksam; fängt beide Tiere und frisst sie auf.	Verkörpert die Gerechtigkeit, durch die der Frosch die Strafe für seine Untat erhält.

Lösungen zu den Aufgaben 4 und 5

1	Situations-vorgabe	Auf einem feurigen Rosse floh stolz ein Knabe daher.	Ein junger Wolf begegnete im Wald einem Fuchse.
2	Rede oder Handlung des ersten Tieres	Da rief ein wilder Stier dem Rosse zu: „Schande! Von einem Knaben ließ' ich nicht mich regieren!"	„Mein Vater, glorreichen Andenkens", sagte der Wolf zu dem Fuchse, „das war ein rechter Held! Wie fürchterlich hat er sich in der ganzen Gegend gemacht! Er hat über mehr als zweihundert Feinde, nach und nach, triumphiert und ihre schwarzen Seelen in das Reich des Verderbens gesandt. Was Wunder also, dass er endlich doch einem unterliegen musste!"
3	Reaktion	„Aber ich", versetzte das Ross. „Denn was für Ehre könnte es mir bringen, einen Knaben abzuwerfen?"	„So würde sich ein Leichenredner ausdrücken", sagte der Fuchs; „der trockene Geschichtsschreiber aber würde hinzusetzen: Die zweihundert Feinde, über die er, nach und nach, triumphierte, waren Schafe und Esel; und der eine Feind, dem er unterlag, war der erste Stier, den er sich anzufallen erkühnte."

Lösung zu Aufgabe 6

Zum gleichen Bache kam der Wolf einst und das Lamm,
vom Durst genötigt. Weiter oben stand der Wolf,
das Lamm bachabwärts. Von dem nimmersatten Schlund
getrieben, sucht der Räuber einen Grund zum Streit.
„Was trübst du mir das Wasser, das ich trinken will?",
beginnt er. Und die Unschuld in dem Wollekleid
entgegnet zitternd: „Ach, wie kann ich das, o Wolf?
Von dir herab zu meinen Lippen rinnt das Nass."
Und der, bezwungen von der Wahrheit Allgewalt,
fährt fort: „Hast vor sechs Monden du mich nicht geschmäht?"
„Nein", spricht das Lamm, „denn damals lebte ich noch nicht."
„Dann war's dein Vater, der mich schmähte", schreit der Wolf
und würgt in unverdientem Tod sein Opfer ab.
Die Fabel zielt auf jene, die mit Lug und Trug die Unschuld gerne unterdrücken.

Lösung zu Aufgabe 7

Dieser Teil drückt die Lehre der ganzen Fabel aus, die Moral.

Lösung zu Aufgabe 8

Wirklicher Löwe	Wappenlöwe	Löwe der Fabel
Groß, stark, Männchen hat eine wilde Mähne; lebt in Rudeln in der Steppe; die Weibchen jagen; Beute: vorwiegend Huftiere, schwächer als Löwen; schläft und döst sehr viel, geschmeidige Bewegungen	Stark stilisiert, aufrecht stehend, ausgefahrene Krallen, überlange Zunge wohl geordnete wellige Haarspitzen, trägt ein Halsband	Grimmiger Gesichtsausdruck sehr ungnädig; trägt Krone und Zepter, ist mit einem Hermelinumhang bekleidet; geordnete Lockenfrisur

Lösung zu Aufgabe 9

Folgende Menschentypen könnten durch diese Fabelfiguren dargestellt werden:

Hase:	ein ängstlicher Mensch, der vor Schwierigkeiten lieber davonläuft als sich ihnen zu stellen; scheu, zurückhaltend, sanftmütig, leise
Löwe:	ein lauter, vielleicht großmütiger oder auch großsprecherischer Mensch; stark, selbstbewusst, seinen eigenen Kopf durchsetzend, mutig
Fichte:	ein schöner, kluger Mensch, der jedoch mit seinen Vorzügen gern angibt; einer, der sich besser dünkt als die anderen; einer, der sich unentbehrlich vorkommt
Brombeerstrauch:	ein lebenserfahrener Mensch, der seine bescheidenen Vorzüge zu schätzen gelernt hat, sich aber nichts darauf einbildet

Lösung zu Aufgabe 10

Zu 1)
Im ersten Text bedroht der Löwe den Waldesel: „Wenn du dich nicht augenblicklich davonmachst…"
Im zweiten Text nennt der Löwe die Mücke „ohnmächtiges, verächtliches Geschöpf".
Im dritten Text beansprucht der Löwe den erlegten Hirsch für sich allein und brüllt: „Aber ich bin der König der Tiere!"

Zu 2)
Beiden Texten ist gemeinsam, dass es um den „Löwenanteil" geht. Während aber im ersten Text der Löwe alles für sich beansprucht und auch bekommt, erhält er im dritten Text überhaupt nichts.

Zu 3)
Eigentlich sollte man meinen, dass der Löwe mit der Mücke kurzen Prozess machen würde. Aber es ist genau umgekehrt: Die winzige Mücke ist stärker als der große Löwe und sie ist deswegen stärker, weil sie eben so klein ist und von ihm nicht erwischt werden kann.

Zu 4)
Die drei Fabeln machen deutlich, dass das Bild vom „König der Tiere", der alle Macht hat, nicht immer stimmt. Ganz im Gegenteil: Der Löwe möchte zwar gern der Mächtigste sein, aber die Winzigkeit der Mücke und die Klugheit der Füchse lassen ihn geradezu als ohnmächtig erscheinen. Wir müssen also vorsichtig sein, wenn wir sagen: In der Fabel ist der Löwe immer der mächtige König der Tiere.

Lösung zu Aufgabe 11

Die erste Fabel ist in gebundener Sprache (in Versen) geschrieben; die Zeilenenden reimen sich.

Die zweite Fabel ist in Prosa (in fortlaufendem Text) geschrieben.

Lösung zu Aufgabe 12

Die vollständigen Merksätze findest du auf den entsprechenden Seiten. Hier sind sie als Stichworte mit Seitenangaben aufgeführt:

1. S. 10: Sitz im Leben
2. S. 15: Bildhälfte und Sachhälfte
3. S. 26: Aufbau der Fabel
4. S. 30: Handlungsträger
5. S. 36: Verschiedene Bearbeitungen

Lösung zu Aufgabe 13

Der Fuchs und der Rabe

Ein Rabe saß auf einem Ast und hielt ein Stück Käse im Schnabel. Dabei wurde er von einem Fuchs beobachtet, der seinen ganzen Scharfsinn aufwandte herauszufinden, wie er zu diesem Käse kommen könnte. Er trat näher, stellte sich unter den Baum und sagte: „Was für einen edlen Vogel sehe ich da oben! Seine Schönheit ist unvergleichlich, der Farbton seines Gefieders geradezu dezent. Wäre seine Stimme ebenso lieblich wie sein Aussehen, er müsste zweifellos König aller Vögel heißen."
Der Rabe sah sich mächtig geschmeichelt und um dem Fuchs zu zeigen, dass er auch singen könne, gab er ein lautes Krächzen von sich. Natürlich kam der Käse herunter und der Fuchs, der ihn auffing sagte: „Ich sehe wohl, Stimme hat der Herr, was ihm noch fehlt, ist etwas Verstand."

Weitere Bearbeitungen des gleichen Themas findest du auf den Seiten 40 und 41.

Lösung zu Aufgabe 14

Zur ersten Fabel:	Gutgläubigkeit und Einbildung werden bestraft. Wer sich nicht selbst erkennt, muss büßen. Höre nie auf Schmeichler!
Zur zweiten Fabel:	Wer andern eine Grube gräbt, fällt selbst hinein. Lug und Trug werden am Ende doch bestraft.

Hier noch ein bisschen Hintergrundwissen und erweiterte Lösungsvorschläge zu den beiden Fabeln. Die kursiv gedruckten Satzteile weisen auf die Kernaussagen deiner möglichen Lösung hin.

Bei La Fontaine spielt die Geschichte auf der Ebene von „Meister" Fuchs. Zwar taucht nirgendwo der Name „Meister Rabe" auf, allerdings genießt es der Rabe, sich als „Herr von Rabe", als Adliger also, anreden zu lassen. Die Möglichkeitsform „läse" zeigt, dass der Fuchs als Heuchler und Schmeichler auftritt. La Fontaine gebraucht für uns altertümliche Formulierungen wie „dero Federtracht" oder „des Waldes König" und leistet es sich sogar, *in seiner Moral den Raben zu verspotten. Dieser Rabe reagiert* nicht so verstandesmäßig wie der von Lessing, sondern *gefühlsmäßig gierig. Somit gewinnt hier der Klügere und Hinterhältigere.* Auf die Ebene des Menschen übertragen, könnte sich in ähnlicher Weise ein Adliger über einen Handwerksmeister lustig machen, der sich wegen einiger Schmeicheleien ausnutzen lässt.

Der deutsche Dichter Lessing (der vor etwa 200 Jahren lebte) hat sich über die Fabel von La Fontaine geärgert und seine eigene im Gegenzug geschrieben; diese hat einen *viel moralischeren Kern. Der Fuchs wird für seine Bosheit bestraft;* er verreckt elendig. Man könnte hier fast sagen: *Wer andern eine Grube gräbt, fällt selbst hinein.* Damit wird der Fuchs für seinen Spott und die Bezeichnung des Raben als „Götterbote" hart bestraft. Der Rabe ist trotzdem dumm, stolz und großmütig, der Fuchs dagegen von lachender Bosheit. Der Rabe kennt seinen Platz im Leben nicht und ist daher anfällig für die schmeichelnden Fragen des Fuchses, die grob übertreiben.

Die Lösung zu Aufgabe 15 ergibt sich durch das Bild.

Zu den *Aufgaben 16, 17 und 18* gibt es verständlicherweise *keine eindeutigen Lösungen.* Frage deine Lehrerin, deinen Lehrer oder deine Mitschüler oder Mitschülerinnen, wenn du unsicher bist, ob du den Fabelton getroffen hast. Hier zählt aber mehr das, was gefällt!